Impressum
Verlag: BABADADA GmbH, Nedderfeld 112 , 22529 Hamburg
Geschäftsführer / Verlagsleitung: Harald Hof
Druck: Books on Demand GmbH, In de Tarpen 42, 22848 Norderstedt

Imprint
Publisher: BABADADA GmbH, Nedderfeld 112 , 22529 Hamburg, Germany
Managing Director / Publishing direction: Harald Hof
Print: Books on Demand GmbH, In de Tarpen 42, 22848 Norderstedt

el aula
el salón de clases

dividir
dividir

186/2

el pizarrón
el pizarrón

el patio de la escuela
el patio

el maestro
el maestro

el papel
el papel

escribir
escribir

la birome
el bolígrafo

el escritorio
el escritorio

la regla
la regla

el libro
el libro

el alumno
el alumno

la mochila

la mochila

la caja de lápices

la caja de lápices

el lápiz

el lápiz

el sacapuntas

el sacapuntas

la goma (de borrar)

la goma de borrar

el bloc de dibujo

el bloc de dibujo

el dibujo

el dibujo

el pincel

el pincel

la caja de pinturas

la caja de lápices de color

la tijera

las tijeras

el pegamento

el pegamento

el cuaderno de ejercicios

el libro de ejercicios

la tarea

la tarea

el número

el número

sumar

sumar

restar

restar

multiplicar

multiplicar

calcular

calcular

la letra

la letra

el abecedario

el alfabeto

la palabra

la palabra

el texto

el texto

leer

leer

la tiza

la tiza

la lección

la lección

el cuaderno de clase

el cuaderno de clase

el examen

el examen

el certificado

el certificado

el uniforme escolar

el uniforme

la educación

la educación

la enciclopedia

la enciclopedia

la universidad

la universidad

el microscopio

el microscopio

el mapa

el mapa

el tacho (de basura)

el bote de basura

el hotel
el hotel

el hostel
el hostel

la casa de cambio
la casa de cambio

la valija
la maleta

el auto
el carro

el idioma

el idioma

sí / no

sí / no

Está bien

Órale

hola

hola

el traductor

el traductor

Gracias

Gracias

¿cuánto cuesta…?

¿cuánto cuesta…?

No entiendo

No entiendo

el problema

el problema

¡Buenas tardes!

¡Buenas tardes!

¡Buenos días!

¡Buenos días!

¡Buenas noches!

¡Buenas noches!

el adiós

adiós

la dirección

la dirección

el equipaje

el equipaje

el bolso

la bolsa

la mochila

la mochila

el invitado

el invitado

la habitación

la recámara

la bolsa de dormir

la bolsa de dormir

la carpa

la tienda de campaña

la información turística

la información turística

la playa

la playa

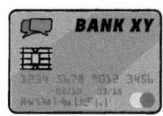

la tarjeta de crédito

la tarjeta de crédito

el desayuno

el desayuno

el almuerzo

el almuerzo

la cena

la cena

el pasaje

el billete

el ascensor

el ascensor

el sello

el sello

la frontera

la frontera

la aduana

la aduana

la embajada

la embajada

la visa

la visa

el pasaporte

el pasaporte

el transporte

el avión
el avión

el barco
el barco

la autobomba
el camión de bomberos

el colectivo
el autobús

el camión
el camión

la lancha a motor
la lancha a motor

la bicicleta
la bicicleta

el auto
el carro

el ferry
el ferry

el bote
el bote

la moto
la motocicleta

el patrullero
la patrulla

el auto de carreras
el coche de carreras

el auto de alquiler
el auto para rentar

el alquiler de autos

la renta de autos

la grúa

la grúa

el camión de la basura

el camión recolector de basura

el motor

el motor

la nafta

la gasolina

la estación de servicio

la gasolinera

la señal de tránsito

la señal de tráfico

el tránsito

el tránsito

el embotellamiento

el embotellamiento

el estacionamiento

el aparcamiento

la estación de tren

la estación de tren

las vías

las vías

el tren

el tren

el tranvía

el tranvía

el vagón

el vagón

el helicóptero

el helicóptero

el aeropuerto

el aeropuerto

la torre

la torre

el pasajero

el pasajero

el contenedor

el contenedor

la caja de cartón

la caja de cartón

la carretilla

la carretilla

la canasta

la cesta

despegar / aterrizar

despegar / aterrizar

la ciudad

la ciudad

el pueblo

el pueblo

el centro de la ciudad

el centro de la ciudad

la casa

la casa

el cine
el cine

la publicidad
el anuncio

CINEMA

el farol
el farol

la calle
la calle

el taxi
el taxi

el kiosco
la dulcería

el peatón
el peatón

la vereda
la banqueta

el paso peatonal
el paso peatonal

el contenedor de basura
el bote de basura

el cruce
el cruce

el semáforo
el semáforo

la cabaña
la cabaña

el departamento
el apartamento

la estación de tren
la estación de tren

la municipalidad
el ayuntamiento

el museo
el museo

el colegio
la escuela

la universidad

la universidad

el banco

el banco

el hospital

el hospital

el hotel

el hotel

la farmacia

la farmacia

la oficina

la oficina

la librería

la librería

el negocio

la tienda

la florería

la florería

el supermercado

el supermercado

el mercado

el mercado

las grandes tiendas

las grandes tiendas

la pescadería

la pescadería

el centro comercial

el centro comercial

el puerto

el puerto

el parque

el parque

el banco

el banco

el puente

el puente

las escaleras

las escaleras

el subte

el metro

el túnel

el túnel

la parada del colectivo

la parada de autobús

el bar

el bar

el restaurante

el restaurante

el buzón

el buzón

el letrero

el letrero

el parquímetro

el parquímetro

el zoológico

el zoológico

la pileta

la alberca

la mezquita

la mezquita

la granja
la granja

la contaminación
la contaminación

el cementerio
el cementerio

la iglesia
la iglesia

los juegos infantiles
el área de niños

el templo
el templo

el paisaje
el paisaje

la hoja
la hoja

el poste indicador
la señal

el camino
el camino

la pradera
la pradera

la piedra
la piedra

el árbol
el árbol

el excursionista
el caminante

el río
el río

la hierba
el pasto

la flor
la flor

el valle

el valle

la montaña

la montaña

el lago

el lago

el bosque

el bosque

el desierto

el desierto

el volcán

el volcán

el castillo

el castillo

el arco iris

el arco iris

el champiñón

el champiñón

la palmera

la palmera

el mosquito

el mosquito

la mosca

la mosca

la hormiga

la hormiga

la abeja

la abeja

la araña

la araña

el escarabajo

el escarabajo

la rana

la rana

la ardilla

la ardilla

el erizo

el erizo

la liebre

la liebre

la lechuza

la lechuza

el pájaro

el pájaro

el cisne

el cisne

el jabalí

el jabalí

el ciervo

el ciervo

el alce

el alce

la presa

el embalse

el aerogenerador

la turbina eólica

el panel solar

el panel solar

el clima

el clima

el paisaje - el paisaje

el mozo
el camarero

el menú
el menú

la silla
la silla

la sopa
la sopa

la pizza
la pizza

los cubiertos
los cubiertos

el mantel
el mantel

la entrada
la entrada

el plato principal
el plato fuerte

el postre
el postre

las bebidas
las bebidas

la comida
la comida

la botella
la botella

la comida rápida
la comida rápida

la comida callejera
la comida de la calle

la tetera
la tetera

la azucarera
la azucarera

la porción
la porción

la cafetera expreso
la cafetera espresso

la sillita alta
la periquera

la cuenta
la cuenta

la bandeja
la charola

el cuchillo
el cuchillo

el tenedor
el tenedor

la cuchara
la cuchara

la cucharita
la cuchara de té

la servilleta
la servilleta

el vaso
el vaso

el plato
el plato

el plato hondo
el plato hondo

el plato
el plato

la salsa
la salsa

el salero
el salero

el molinillo de pimienta
el molino para pimienta

el vinagre
el vinagre

el aceite
el aceite

las especias
las especias

el kétchup
el kétchup

la mostaza
la mostaza

la mayonesa
la mayonesa

el supermercado

la oferta especial
la oferta especial

el cliente
el cliente

los lácteos
los productos lácteos

la fruta
la fruta

el changuito
el carrito para compras

la carnicería
la carnicería

la panadería
la panadería

pesar
pesar

las verduras
los vegetales

la carne
la carne

los alimentos congelados
los alimentos congelados

los fiambres

las carnes frías

los alimentos enlatados

los alimentos enlatados

el detergente en polvo

el detergente en polvo

las golosinas

los dulces

los electrodomésticos

los electrodomésticos

los productos de limpieza

productos de limpieza

la vendedora

la vendedora

la caja

la caja

el cajero

el cajero

la lista de compras

la lista de compras

el horario de atención

el horario de atención al público

la billetera

la cartera

la tarjeta de crédito

la tarjeta de crédito

la cartera

la bolsa

la bolsa de plástico

la bolsa de plástico

el agua

el agua

el jugo

el jugo

la leche

la leche

la bebida cola

el refresco de cola

el vino

el vino

la cerveza

la cerveza

el alcohol

el alcohol

el cacao

el cacao

el té

el té

el café

el café

el café expreso

el espresso

el cappuccino

el cappuccino

la banana
....
el plátano

la manzana
....
la manzana

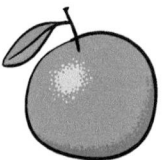

la naranja
....
la naranja

el melón
....
el melón

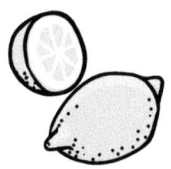

el limón
....
el limón

la zanahoria
....
la zanahoria

el ajo
....
el ajo

el bambú
....
el bambú

la cebolla
....
la cebolla

el champiñón
....
el champiñón

las nueces
....
las nueces

los fideos
....
los fideos

los tallarines

los espaguetis

el arroz

el arroz

la ensalada

la ensalada

las papas fritas

las patatas fritas

las papas fritas

las patatas fritas

la pizza

la pizza

la hamburguesa

la hamburguesa

el sándwich

el emparedado

el churrasco

el filete

el jamón

el jamón

el salame

el salami

la salchicha

la salchicha

el pollo

el pollo

el asado

el asado

el pescado

el pescado

los copos de avena
los copos de avena

el muesli
el muesli

los copos de maíz
los copos de maíz

la harina
la harina

la medialuna
el cuernito

el pancito
el bolillo

el pan
el pan

la tostada
la tostada

las galletitas
las galletas

la manteca
la mantequilla

la cuajada
la cuajada

la torta
el pastel

el huevo
el huevo

el huevo frito
el huevo frito

el queso
el queso

la comida - la comida

el helado
el helado

el azúcar
el azúcar

la miel
la miel

la mermelada
la mermelada

la pasta de chocolate
la crema de chocolate

el curry
el curry

la granja
la granja

el granero
el granero

el fardo de paja
una paca de paja

el campo
el campo

el caballo
el caballo

el remolque
el remolque

el tractor
el tractor

el potrillo
el potro

el burro
el burro

la oveja
la oveja

el cordero
el cordero

la cabra
la cabra

la vaca
la vaca

el ternero
el ternero

el cerdo
el cerdo

el lechón
el lechón

el toro
el toro

el ganso
....
el ganso

el pato
....
el pato

el pollo
....
el pollo

la gallina
....
la gallina

el gallo
....
el gallo

la rata
....
la rata

el gato
....
el gato

el ratón
....
el ratón

el buey
....
el buey

el perro
....
el perro

la cucha
....
la casa del perro

la manguera
....
la manguera

la regadera
....
la regadera

la guadaña
....
la guadaña

el arado
....
el arado

la hoz
la hoz

la azada
el azadón

la horquilla
la horquilla

el hacha
el hacha

la carretilla
la carretilla

el abrevadero
el bebedero

la lechera
el bote de leche

la bolsa
el saco

la reja
la valla

el establo
el establo

el invernadero
el invernadero

el suelo
el suelo

la semilla
la semilla

el fertilizador
el fertilizador

la cosechadora
la cosechadora

cosechar

cosechar

la cosecha

la cosecha

las batatas

el camote

el trigo

el trigo

la soja

la soja

la papa

la patata

el maíz

el maíz

la semilla de colza

la semilla de colza

el árbol frutal

el árbol frutal

la mandioca

la mandioca

los cereales

las cereales

la casa

la chimenea
la chimenea

el techo
el tejado

el caño de desagüe
el canalón

la ventana
la ventana

el garaje
el garaje

el timbre
el timbre

la puerta
la puerta

el tacho de basura
el bote de basura

el buzón
el buzón

el jardín
el jardín

el living
la estancia

el baño
el baño

la cocina
la cocina

el dormitorio
la recámara

el cuarto de los chicos
la recámara de los niños

el comedor
el comedor

el piso

el suelo

la pared

la pared

el cielorraso

el techo

el sótano

el sótano

el sauna

el sauna

el balcón

el balcón

la terraza

la terraza

la pileta

la alberca

la cortadora de pasto

el cortacésped

la sábana

la sábana

el acolchado

la colcha

la cama

la cama

la escoba

la escoba

el balde

el balde

el interruptor

el interruptor

el empapelado
el papel para empapelar

la imagen
la imagen

la lámpara
la lámpara

el estante
el estante

el armario
la alacena

la chimenea
la chimenea

la televisión
la televisión

la flor
la flor

el almohadón
el cojín

el sofá
el sofá

el florero
el florero

el control remoto
el control remoto

la alfombra
la alfombra

la cortina
la cortina

la mesa
la mesa

la silla
la silla

la mecedora
la mecedora

el sillón
el sillón

el libro

el libro

la frazada

la frazada

la decoración

la decoración

la leña

la leña

la película

la película

el equipo de música

el equipo de música

la llave

la llave

el diario

el periódico

la pintura

la pintura

el póster

el póster

la radio

la radio

el cuaderno

el cuaderno

la aspiradora

la aspiradora

el cactus

el cactus

la vela

la vela

la heladera
el refrigerador

el microondas
el microondas

la balanza de cocina
la báscula de cocina

la tostadora
la tostadora

el detergente
el detergente

el horno
el horno

el freezer
el congelador

el tacho de basura
el bote de basura

el lavaplatos
el lavavajillas

la cocina
la olla a presión

la olla
la olla

la olla de hierro fundido
la olla de hierro fundido

el wok
el wok

la sartén
la sartén

la pava
el hervidor

la vaporera
la vaporera

la bandeja de horno
la charola de horno

la vajilla
la loza

la taza
la taza

el bol
el bol

los palitos
los palillos

el cucharón
el cucharón

la espátula
la espátula

la batidora
la batidora

el colador
el colador

el colador
el colador

el rallador
el rallador

el mortero
el mortero

la parrilla
la barbacoa

la fogata
la fogata

la tabla de picar

la tabla para picar

el palo de amasar

el rodillo para amasar

el sacacorchos

el sacacorchos

la lata

la lata

el abrelatas

el abrelatas

la manopla

el guante de cocina

la pileta

el fregadero

el cepillo

el cepillo

la esponja

la esponja

la batidora

la batidora

el congelador

el congelador

la mamadera

el biberón

la canilla

la llave

el baño

la ducha
la ducha

la calefacción
la calefacción

la toalla
la toalla

la cortina de la ducha
la cortina de la ducha

el baño de espuma
el baño de espuma

la bañadera
la tina

el vaso
el vaso

el lavarropas
la lavadora

la canilla
la llave

las baldosas
las baldosas

la pelela
la bacinica

la pileta
el fregadero

el inodoro
el inodoro

la letrina
la letrina

el bidé
el bidé

el mingitorio
el mingitorio

el papel higiénico
el papel higiénico

el cepillo para el inodoro

el cepillo para baño

el cepillo de dientes

el cepillo de dientes

el dentífrico

la pasta dental

el hilo dental

el hilo dental

lavar

lavar

la ducha de mano

la ducha de mano

la ducha higiénica

la ducha vaginal

la palangana

el fregadero

el cepillo para la espalda

el cepillo de espalda

el jabón

el jabón

el gel de ducha

el gel de ducha

el shampoo

el champú

la toallita

la toallita

el desagüe

el drenaje

la crema

la crema

el desodorante

el desodorante

el espejo

el espejo

el espejito

el espejo de tocador

la maquinita de afeitar

la máquina para afeitar

la espuma de afeitar

la espuma de afeitar

el aftershave

la loción para después de afeitar

el peine

el peine

el cepillo

el cepillo

el secador de pelo

la secadora

el spray

la laca

el maquillaje

el maquillaje

el lápiz de labios

el lápiz labial

el esmalte para uñas

el esmalte para uñas

el algodón

el algodón

la tijera para uñas

las tijeras para uñas

el perfume

el perfume

el portacosméticos

el estuche para cosméticos

la banqueta

el taburete

la balanza

la báscula

la bata

la bata

los guantes de goma

los guantes de goma

el tampón

el tampón

la toallita femenina

la toalla sanitaria

el baño químico

el baño móvil

el despertador
el despertador

el peluche
el peluche

el coche de juguete
el carro de juguete

la casa de muñecas
la casa de muñecas

el regalo
el regalo

el sonajero
la sonaja

el globo
el globo

la cama
la cama

el cochecito
la carriola

las cartas
las cartas

el rompecabezas
el rompecabezas

la historieta
el cómic

las piezas de lego

las piezas de lego

los ladrillos de juguete

los bloques para jugar

la figura de acción

la figura de acción

el enterito (de bebé)

el mameluco

el frisbee

el frisbee

el móvil para bebés

el móvil para bebés

el juego de mesa

el juego de mesa

los dados

los dados

el tren eléctrico

el tren eléctrico

el chupete

el maniquí

la fiesta

la fiesta

el libro de cuentos ilustrado

el álbum de fotos

la pelota

el balón

la muñeca

la muñeca

jugar

jugar

el arenero

el arenero

la hamaca

el columpio

los juguetes

los juguetes

la consola de videojuegos

la consola de videojuegos

el triciclo

el triciclo

el osito de peluche

el oso de peluche

el armario

el clóset

la ropa

la ropa

las medias

los calcetines

las medias panty

las pantimedias

las calzas

las mallas

la bufanda
la bufanda

el cinturón
el cinto

el paraguas
el paraguas

la remera
la playera

las zapatillas
los tenis

las botas
las botas

las pantuflas
las chanclas

las sandalias

las sandalias

los zapatos

los zapatos

las botas de goma

las botas de goma

la ropa interior

la ropa interior

el corpiño

el brasier

el chaleco

el chaleco

el body
el body

los pantalones
los pantalones

los jeans
los pantalones de mezclilla

la pollera
la falda

la blusa
la blusa

la camisa
la camisa

el pulóver
el suéter

el buzo
la sudadera

el blazer
el saco sport

la campera
la chamarra

el tapado
el abrigo

el piloto
el impermeable

el traje
el traje

el vestido
el vestido

el vestido de novia
el vestido de novia

el traje

el traje

el camisón

el camisón

el pijama

el pijama

el sari

el sari

el pañuelo para la cabeza

el pañuelo para la cabeza

el turbante

el turbante

la burka

la burka

el caftán

el caftán

la abaya

la abaya

el traje de baño

el traje de baño

el short de baño

el short de baño

los shorts

los shorts

el jogging

los pants

el delantal

el delantal

los guantes

los guantes

el botón

el botón

los anteojos

las gafas

la pulsera

el brazalete

el collar

el collar

el anillo

el anillo

el aro

el arete

la gorra

la gorra

la percha

el gancho

el sombrero

el sombrero

la corbata

la corbata

el cierre

el cierre

el casco

el casco

los tiradores

los tirantes

el uniforme escolar

el uniforme

el uniforme

el uniforme

la ropa - la ropa

el babero

el babero

el chupete

el maniquí

el pañal

el pañal

el servidor
el servidor

el archivero
el archivo

la impresora
la impresora

el monitor
el monitor

el papel
el papel

el escritorio
el escritorio

el mouse
el mouse

la carpeta
la carpeta

el teclado
el teclado

la silla
la silla

el tacho (de basura)
el bote de basura

la computadora
la computadora

la taza de café

la taza de café

la calculadora

la calculadora

el internet

el internet

la laptop

la notebook

la carta

la carta

el mensaje

el mensaje

el celular

el móvil

la red

la red

la fotocopiadora

la fotocopiadora

el software

el software

el teléfono

el teléfono

el tomacorriente

el tomacorriente

el fax

el fax

el formulario

el formulario

el documento

el documento

comprar
comprar

pagar
pagar

hacer negocios
hacer negocios

el dinero
el dinero

el dólar
el dólar

el euro
el euro

el yen
el yen

el rublo
el rublo

el franco suizo
el franco suizo

el yuan
el yuan

la rupia
la rupia

el cajero automático
el cajero automático

la casa de cambio

la casa de cambio

el oro

el oro

la plata

la plata

el petróleo

el petróleo

la energía

la energía

el precio

el precio

el contrato

el contrato

el impuesto

el impuesto

la acción

la acción

trabajar

trabajar

el empleado

el empleado

el empleador

el empleador

la fábrica

la fábrica

el negocio

la tienda

las ocupaciones

el policía
el policía

el bombero
el bombero

el cocinero
el cocinero

el médico
el médico

el piloto
el piloto

el jardinero
el jardinero

el carpintero
el carpintero

la modista
la costurera

el juez
el juez

el farmacéutico
el farmacéutico

el actor
el actor

el colectivero

el conductor de autobús

el taxista

el taxista

el pescador

el pescador

la mucama

la señora de la limpieza

el techista

el instalador de techos

el mozo

el camarero

el cazador

el cazador

el pintor

el pintor

el panadero

el panadero

el electricista

el electricista

el albañil

el obrero

el ingeniero

el ingeniero

el carnicero

el carnicero

el plomero

el plomero

el cartero

el cartero

las ocupaciones - las ocupaciones

el soldado

el soldado

el arquitecto

el arquitecto

el cajero

el cajero

el florista

el florista

el peluquero

el peluquero

el cobrador

el cobrador

el mecánico

el mecánico

el capitán

el capitán

el dentista

el dentista

el científico

el científico

el rabino

el rabino

el imán

el imán

el monje

el monje

el sacerdote

el sacerdote

el martillo
el martillo

la tenaza
la pinza

el destornillador
el desarmador

la llave
la llave

la linterna
la linterna

la excavadora

la excavadora

la caja de herramientas

la caja de herramientas

la escalera portátil

la escalera de mano

la sierra

la sierra

los clavos

los clavos

el taladro

el taladro

arreglar
....
reparar

la pala de jardín
....
la pala

¡Qué bronca!
....
¡Maldición!

la pala de plástico
....
el recogedor

el tacho de pintura
....
el bote de pintura

los tornillos
....
los tornillos

los instrumentos musicales
los instrumentos musicales

la batería
la batería

el parlante
el altavoz

la guitarra
la guitarra

el contrabajo
el contrabajo

la trompeta
la trompeta

el piano

el piano

el violín

el violín

el bajo

el bajo

los timbales

los timbales

el tambor

el tambor

el teclado

el teclado

el saxofón

el saxofón

la flauta

la flauta

el micrófono

el micrófono

el zoológico

la entrada
la entrada

el tigre
el tigre

la jaula
la jaula

la cebra
la cebra

el alimento para animales
el alimento para animales

el oso panda
el oso panda

los animales
los animales

el elefante
el elefante

el canguro
el canguro

el rinoceronte
el rinoceronte

el gorila
el gorila

el oso
el oso

el camello

el camello

el avestruz

el avestruz

el león

el león

el mono

el mono

el flamenco

el flamenco

el loro

el loro

el oso polar

el oso polar

el pingüino

el pingüino

el tiburón

el tiburón

el pavo real

el pavo real

la serpiente

la serpiente

el cocodrilo

el cocodrilo

el cuidador del zoológico

el guardián de zoológico

la foca

la foca

el jaguar

el jaguar

el poni

el poni

el leopardo

el leopardo

el hipopótamo

el hipopótamo

la jirafa

la jirafa

el águila

el águila

el jabalí

el jabalí

el pescado

el pescado

la tortuga

la tortuga

la morsa

la morsa

el zorro

el zorro

la gacela

la gacela

los deportes

el fútbol americano
el fútbol americano

el ciclismo
el ciclismo

el tenis
el tenis

el básquet
el baloncesto

la natación
la natación

el boxeo
el boxeo

el hockey sobre hielo
el hockey sobre hielo

el fútbol
el fútbol

el bádminton
el bádminton

el atletismo
el atletismo

el handball
el handball

el esquí
el esquí

el polo
el polo

saltar
saltar

reír
reír

abrazar
abrazar

caminar
caminar

cantar
cantar

soñar
soñar

rezar
rezar

besar
besar

escribir
escribir

dibujar
dibujar

mostrar
mostrar

presionar
empujar

dar
dar

tomar
tomar

tener

tener

hacer

hacer

ser

ser

estar parado

estar parado

correr

correr

tirar

jalar

tirar

arrojar

caer

caer

estar acostado

estar acostado

esperar

esperar

llevar

llevar

estar sentado

estar sentado

vestirse

vestirse

dormir

dormir

despertar

despertar

mirar
mirar

llorar
llorar

acariciar
acariciar

peinar
peinar

hablar
hablar

entender
entender

preguntar
preguntar

escuchar
escuchar

beber
beber

comer
comer

ordenar
ordenar

amar
amar

cocinar
cocinar

manejar
conducir

volar
volar

navegar

navegar

calcular

calcular

leer

leer

aprender

aprender

trabajar

trabajar

casarse

casarse

coser

coser

cepillarse los dientes

cepillarse los dientes

matar

matar

fumar

fumar

enviar

enviar

la abuela
la abuela

el abuelo
el abuelo

el padre
el padre

la madre
la madre

el bebé
el bebé

la hija
la hija

el hijo
el hijo

el invitado
....
el invitado

la tía
....
la tía

el tío
....
el tío

el hermano
....
el hermano

la hermana
....
la hermana

el cuerpo

la frente
la frente

el ojo
el ojo

el hombro
el hombro

el dedo
el dedo

la cara
la cara

la pera
la barbilla

la mano
la mano

el pecho
el pecho

la pierna
la pierna

el brazo
el brazo

el bebé
el bebé

el hombre
el hombre

la mujer
la mujer

la nena
la niña

el nene
el niño

la cabeza
la cabeza

la espalda

la espalda

la panza

la barriga

el ombligo

el ombligo

el dedo del pie

el dedo del pie

el talón

el talón

el hueso

el hueso

la cadera

la cadera

la rodilla

la rodilla

el codo

el codo

la nariz

la nariz

la cola

las pompis

la piel

la piel

el cachete

la mejilla

la oreja

el oído

el labio

el labio

el cuerpo - el cuerpo

la boca

la boca

el diente

el diente

la lengua

la lengua

el cerebro

el cerebro

el corazón

el corazón

el músculo

el músculo

el pulmón

el pulmón

el hígado

el hígado

el estómago

el estómago

los riñones

los riñones

el sexo

el sexo

el preservativo

el condón

el óvulo

el óvulo

el semen

el semen

el embarazo

el embarazo

el cuerpo - el cuerpo

la menstruación

la menstruación

la vagina

la vagina

el pene

el pene

la ceja

la ceja

el pelo

el cabello

el cuello

el cuello

el hospital
el hospital

la ambulancia
la ambulancia

la silla de ruedas
la silla de ruedas

la fractura
la fractura

el médico
el médico

la sala de guardia
la sala de emergencias

la enfermera
la enfermera

la emergencia
la emergencia

inconsciente
inconsciente

el dolor
el dolor

la lesión

la lesión

la hemorragia

la hemorragia

el infarto

el infarto

el ACV

el accidente
cerebrovascular

la alergia

la alergia

la tos

la tos

la fiebre

la fiebre

la gripe

la gripa

la diarrea

la diarrea

el dolor de cabeza

el dolor de cabeza

el cáncer

el cáncer

la diabetes

la diabetes

el cirujano

el cirujano

el bisturí

el bisturí

la operación

la operación

la TC

TC

los rayos x

los rayos x

la ecografía

el ultrasonido

el barbijo

la mascarilla

la enfermedad

la enfermedad

la sala de espera

la sala de espera

la muleta

la muleta

la curita

la vendita

la venda

el vendaje

la inyección

la inyección

el estetoscopio

el estetoscopio

la camilla

la camilla

el termómetro

el termómetro

el nacimiento

el nacimiento

el sobrepeso

el sobrepeso

el hospital - el hospital

el audífono

el audífono

el desinfectante

el desinfectante

la infección

la infección

el virus

el virus

el VIH / SIDA

VIH / SIDA

el remedio

la medicina

la vacunación

la vacunación

los comprimidos

las tabletas

la pastilla anticonceptiva

la pastilla anticonceptiva

la llamada de emergencia

la llamada de emergencia

el tensiómetro

el medidor de presión

enfermo / sano

enfermo / sano

la emergencia

¡Ayuda!

¡Socorro!

la alarma

la alarma

la agresión

la agresión

el ataque

el ataque

el peligro

el peligro

la salida de emergencia

la salida de emergencia

¡Fuego!

¡Fuego!

el matafuego

el extintor de incendios

el accidente

el accidente

el botiquín de primeros auxilios

el botiquín de primeros auxilios

el SOS

SOS

la policía

la policía

Europa

Europa

América del Norte

Norteamérica

América del Sur

Sudamérica

África

África

Asia

Asia

Australia

Australia

el Atlántico

el Atlántico

el Pacífico

el Pacífico

el Océano Índico

el Océano Índico

el Océano Antártico

el Océano Antártico

el Océano Ártico

el Océano Ártico

el polo norte

el polo norte

el polo sur

el polo sur

la Antártida

la Antártida

la Tierra

la tierra

la tierra

la tierra

el mar

el mar

la isla

la isla

la nación

la nación

el estado

el estado

la esfera

la esfera

la manecilla de las horas

la manecilla de las horas

el minutero

el minutero

el segundero

el segundero

¿Qué hora es?

¿Qué hora es?

el día

el día

la hora

la hora

ahora

ahora

el reloj digital

el reloj digital

el minuto

el minuto

la hora

la hora

lunes
lunes

miércoles
miércoles

viernes
viernes

martes
martes

sábado
sábado

jueves
jueves

domingo
domingo

ayer

ayer

hoy

hoy

mañana

mañana

la mañana

la mañana

el mediodía

el mediodía

la tarde

la tarde

los días hábiles

los días laborables

el fin de semana

el fin de semana

la lluvia
la lluvia

el arco iris
el arco iris

la nieve
la nieve

el viento
el viento

la primavera
la primavera

el otoño
el otoño

el verano
el verano

el invierno
el invierno

el pronóstico meteorológico

....

el pronóstico del tiempo

el termómetro

....

el termómetro

la luz del sol

....

el sol

la nube

....

la nube

la niebla

....

la niebla

la humedad

....

la humedad

el rayo

el rayo

el trueno

el trueno

la tormenta

la tormenta

el granizo

el granizo

el monzón

el monzón

la inundación

la inundación

el hielo

el hielo

enero

enero

febrero

febrero

marzo

marzo

abril

abril

mayo

mayo

junio

junio

julio

julio

agosto

agosto

septiembre

septiembre

octubre

octubre

noviembre

noviembre

diciembre

diciembre

las formas

las formas

el círculo

el círculo

el cuadrado

el cuadrado

el rectángulo

el rectángulo

el triángulo

el triángulo

la esfera

la esfera

el cubo

el cubo

blanco
....
blanco

amarillo
....
amarillo

naranja
....
naranja

rosa
....
rosa

rojo
....
rojo

violeta
....
morado

azul
....
azul

verde
....
verde

marrón
....
marrón

gris
....
gris

negro
....
negro

mucho / poco
mucho / poco

enojado / tranquilo
enojado / tranquilo

lindo / feo
bonito / feo

el principio / el fin
principio / fin

grande / chico
grande / pequeño

claro / oscuro
claro / oscuro

el hermano / la hermana
el hermano / la hermana

limpio / sucio
limpio / sucio

completo / incompleto
completo / incompleto

el día / la noche
el día / la noche

muerto / vivo
muerto / vivo

ancho / angosto
ancho / angosto

comestible / no comestible

comestible / no comestible

malo / amable

malo / amable

entusiasmado / aburrido

entusiasmado / aburrido

gordo / flaco

gordo / delgado

primero / último

primero / último

el amigo / el enemigo

el amigo / el enemigo

lleno / vacío

lleno / vacío

duro / blando

duro / blando

pesado / liviano

pesado / ligero

el hambre / la sed

el hambre / la sed

enfermo / sano

enfermo / sano

ilegal / legal

ilegal / legal

inteligente / estúpido

inteligente / tonto

izquierda / derecha

izquierda / derecha

cerca / lejos

cerca / lejos

nuevo / usado

nuevo / usado

nada / algo

nada / algo

viejo / joven

viejo / joven

encendido / apagado

encendido / apagado

abierto / cerrado

abierto / cerrado

silencioso / ruidoso

silencioso / ruidoso

rico / pobre

rico / pobre

correcto / incorrecto

correcto / incorrecto

áspero / suave

áspero / suave

triste / contento

triste / contento

corto / largo

corto / largo

lento / rápido

lento / rápido

mojado / seco

húmedo / seco

caliente / frío

caliente / frío

guerra / paz

guerra / paz

los opuestos - los opuestos

los números

0

cero

cero

1

uno

uno

2

dos

dos

3

tres

tres

4

cuatro

cuatro

5

cinco

cinco

6

seis

seis

7

siete

siete

8

ocho

ocho

9

nueve

nueve

10

diez

diez

11

once

once

12
doce

doce

13
trece

trece

14
catorce

catorce

15
quince

quince

16
dieciséis

dieciséis

17
diecisiete

diecisiete

18
dieciocho

dieciocho

19
diecinueve

diecinueve

20
veinte

veinte

100
cien

cien

1.000
mil

mil

1.000.000
el millón

el millón

los idiomas

el inglés

el inglés

el inglés americano

el inglés americano

el chino mandarín

el chino mandarín

el hindi

el hindi

el español

el español

el francés

el francés

el árabe

el árabe

el ruso

el ruso

el portugués

el portugués

el bengalí

el bengalí

el alemán

el alemán

el japonés

el japonés

yo

yo

vos

tú

él / ella

él / ella

nosotros

nosotros

ustedes

vosotros

ellos

ellos

¿quién?

¿quién?

¿qué?

¿qué?

¿cómo?

¿cómo?

¿dónde?

¿dónde?

¿cuándo?

¿cuándo?

el nombre

el nombre

detrás
....
detrás

en
....
en

adelante de
....
delante de

por encima de
....
por encima de

sobre
....
sobre

debajo de
....
debajo de

al lado de
....
junto a

entre
....
entre

el lugar
....
el lugar